Franz Keller

Doaraschleah von oigene und frende Hecka

Eine Sammlung von Gedichten in schwäbischer Mundart ...

Franz Keller

Doaraschleah von oigene und frende Hecka
Eine Sammlung von Gedichten in schwäbischer Mundart ...

ISBN/EAN: 9783743354517

Hergestellt in Europa, USA, Kanada, Australien, Japan

Cover: Foto ©Thomas Meinert / pixelio.de

Manufactured and distributed by brebook publishing software (www.brebook.com)

Franz Keller

Doaraschleah von oigene und frende Hecka

Doaraschleah

von oigene und frende Hecka.

Eine Sammlung von Gedichten

in

schwäbischer Mundart,

zur Unterhaltung in Gesellen- und anderen Vereinen,

von

Franz Keller,

Pfarrer.

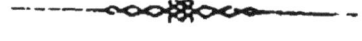

Kempten.

Verlag der Jos. Kösel'schen Buchhandlung.

1873.

Seiner Hochwürden Hochwohlgeboren

Herrn Dr. Valentin Thalhofer,

Direktor des Georgianums in München etc.,

seinem lieben Freunde

aus dem Schwabenlande

als schwacher Beweis der Liebe und Verehrung

gewidmet

vom Verfasser.

Dedication

an den Herrn Direktor.

~~~~~

Hau, Herrle, bring b'r Doaraschleah!
 Doch will b'rs nu glei saga:
Gell nimm fei os beam Schüſſele
Nu alle Tag a Biſſele,
Sonſcht könnteſcht b'Zäh' v'rſchlaga.

S'iſcht freile bös a ſchlechta Gaub,
I wär a beſſra ſchulbeg;
Doch woiß mr halt koin andra Rauth,
Ma ka nit meah gea, als ma haut;
Drum ſei nit ungedulbeg.

Du woisch ja, daß i z'Walbkirch bi,
A Fuchsloch wend sis hoißa;
Ma sicht au nix als Füchs und Reah,
Und Hagabutz und Doara-Schleah,
Und Finka, Specht und Moisa.

Drum nimm a maul mit beam v'rlieb,
Viel werts gleiwohl it nutza;
Vielleicht ofs Jaur — i will scho seah —
Da bring dr zue be Doaraschleah
No etle Hagabutza.

Nau kascht Du b'stau of langa Zeit,
Hascht g'nue scho an be Näma;
Und ischt b'rs mal ums Herz reacht weah,
Nimm Hagabutz und Doaraschleah,
Dös richt Di wieb'r zäma.

───────

Walbkirch an Martini 1872.

Der Verfasser.

Ei'lading
an alle Schwäbala.

Im Herbst, da brock i Doaraschleah, —
Huir sind se b'sonb'rs g'rautha, —
Dia thue i in a Schüssele,
Und laß si nau a bissele
Am Ofaplättle brauta.

Und wenn i in a Gsellschaft komm,
Dau thuet ma gmoikle singa;
Und wenn si dau a Pausa hand,
Nau laß i os'm Schwauba-Land
So Doara Schleahla springa.

Dau beisset nau dia Schwauba drei',
Theand krumme Mäul'r macha;
Natürle thuet na 's Zahfloisch weah,

Es sind halt doch nu Doaraschleah,
Doch z'letzscht mueß jeb'r lacha.

Wia, kaufet au so Doaraschleah,
Und land ui 's Geld it ruia!
Si sind scho lind, ihr werrets seah,
Sind lang gnue of'm Ofa g'wea,
Ihr könnets leicht v'rkuia.

Nau könnet ihr nach Herzensluscht
Dia Langweil ui v'rtreiba;
Ihr könnet lacha, — wenn r wend, —
Und wennr grad recht gräteg send,
Meithalb! na landrs bleiba.

Jez no a Woart. Herr Kritikus!
Gell mach sei du koi Faxa;
Soscht laß di öbbes Anders seah,
Denn — merk b'rs sei — die Doaraschleah
Sind am a Doara g'wachsa.

1.
Schwauba-Stroich.
(Nach Uhland.)

D'r Kpis'r Friedrich, Rothbart g'hoißa,
Will mal nach Paläſtina roiſa;
Da mueß'r mit'm deutſcha Heer
Dur a Gebirg, recht wüeſcht und leer.
Dau iſcht denn fürchteg groaßa Noath,
Viel Stoi' hats gea, und weaneg Broat;
Koin Wirth, koin Brunna hat ma g'ſeah;
Dia Ritt'r und Knappa ſind lüecht'r gwea,
Und b'Gäul ſo matt, i kas ui ſa,
Es müeßet b'Reit'r ſchier b'Märra tra.

Da iſcht a Herr vom Schwauba-Land,
A Fetza-Ma' mit ſtarkr Hand;
Dear hat'n Hengſt, 'n rara Gaul,
Voar Durſcht und Hung'r gat's recht faul.

Ja bear v'rmag schier s'Laufe kaum,
Car zucht'n nu so nauch am Zaum;
Doch will'rn nit dahinba lau,
Und sott's ihm sell an's Leaba gau.
So bleibt'r bald a richtegs Stuck
Hint'r de andre Reit'r z'ruck.

Da packet of oimal bean goziga Ma
Glei 25 türkesche Reit'r a;
Se theand von Weit'm ofn schießa
Und möchtet'n lebendig spießa.
Mei wack'rer Schwaub gat keck voara,
Hebt nu sein Schild be Türka na:
„Gand hear bau, wenn'r öbbes wend;
„I fürcht ui nit, so viel ihr senb!"
Da reitet oiner of 'n rei,
Haut mit'm krumma Sabl brei';
Jez kommt em Schwauba au a Gift,
So daß er 's Türkarößle trifft,
Und haucht of oin Stroich — wenn is sa —
De voabre Füeß glei wurzweg a.

Wias Gäule of'm Boba flackt,
Jez hat'r earscht sein Sabl packt,

Und haucht'n of da Türkakopf,
Haut dur, bis of da Sattlknopf,
Haut au da Sattl no in Stucka
Und tuif em Gaul no in da Rucka.
Zuer Rechta sicht ma, wia zuer Linka,
'N halba Türka zämasinka;
Da packt a Graus be and're a,
Und jeder reitet, was ear ka,
Und schreit, als steck'r an b'r Gabl,
Und fürcht sie voarm Schwaubasabl.

Dös Stückle hat b'r Koif'r gheart
Und hat dean Ma zum Seah begeahrt;
Ear gucket ihn v'rwund'ret a:
„Wau hascht benn di a Stroich g'lernet, Ma?"
„Hah!" sait b'r Schwaub, „im Schwaubaland,
Dös ischt landauf und a bekannt:
D'r Schwaub schlächt drei', daß 's Funka geit,
Und wenn b'r Feind am Boba leit,
V'rschmetteret as wia an Dich,
Nau hoißt ma bös an Schwauba-Stroich."

2.
Au a Schwauba-Stroich.

Ihr Leutla, sott ui b'Langweil quäla,
 Vom Schwaubaland, böt bussa rei,
Wußt i a G'schichtle zum v'rzähla,
Und sott's au no mal schwäbisch sei.
Was Weibsleut sind, dia bärfet macha,
Denn s ischt koi G'schpaß mit sölle Sacha.

A Baur, aus deane bease Zeita,
Wau Goischt no hand regiert im Land,
Fangt mal im Wirthshaus an a streita,
Wie b' Glocka 's Beat scho glitta hand:
Uir moinet, Goischtr und so Sacha,
Dia fürcht i? Noi, da mueß i lacha.

S'ischt guet, mei Baur gat um an Olfa
Vom Bier, kommt an a Hölzle na,
Und sieht — nu 's Bier hat au mitgholfa —
Für so an Goischt a Bäumle a.
Denn fuireg ischt b'r Kopf und b'Haxa,
Und b'Haur langmächteg naufwärts g'waxa.

Ear stampft a baarmaul of da Boda
Und schreit: Gascht furt, du Sakrmeit!
Doch fällt'm 's Herz bis na of Knoba,
Wia 's Goischtle nix as Fuir ausspeit.
Sei Haur statt auf voar laut'r Schrecka
Und lupft'm gar sein Dreispitz wegga.

A Nachteul hat a Liable g'sunga,
D'r Wind hat fürchteg Muse g'macht;
Jez ab'r ischt mei Bäurle g'sprunga
Z'ruck nei zum Wirth, bleibt üb'r Nacht.
Dean ka fauls Holz und bürre Steacka
Weit ärg'r als a Goischt v'rschreacka.

Am andra Morga kommt a Waga,
Mei Baur, voar Schrecka, phantasirt,
Ma füehrt'n hoim — da ka ma saga,

Es sei a Schwauba-Stroich passirt! —
Doch nix für unguet, liebe Schwauba,
I will ui bau uir Eahr it rauba.

Ihr Leutla! 's bärf sei kois v'rbrießa,
I sell bin au böt bussa rei;
Bei Ulem sieg i Doana fließa,
Und glei bei mir lauft b'Günz brinei.
I haus nu g'sait, um öbbes z'schwätza,
Doch b'Schwauba thue i allzeit schätza.

So Stückla theand mir öft'r macha,
Sonscht hättet Andre nex zum Lacha.

3.
Was Hansjörg für a guet'r Kerle ischt.

D'r Hansjörg hat a Schäufle g'seah,
Um Beatläut, im a Graba;
S'ischt weit und broit koin Schäf'r g'wea,
Dös mueß v'rirrt si haba.

Mei Hansjörg hat a Hearz wia Wax;
Beim Schäufle döt, beim arma,
Da hats 'n g'mahnet: Hansjörg, packs,
Du werscht di doch v'rbarma!

Ear nimmts iez glei an Arem na';
— „Nu Schäufle, iez bisch g'rettet!" —
Und lauft mit hoim, nu was 'r ka,
Hats na zum Ofa böttet.

Und sait no zue ihm sell im Bett:
„Bi doch a guet'r Kerle,
I hau beam Schäufle 's Leaba grett,
Deam arma, arma Närrle."

Do wear a christles Werk hat thau,
Derfs it mit stolzem Weasa
In Doanabota drucka lau,
Daß Jederma ka leasa.

D'rum hat b'r Hansjörg mäusleftill
Nix g'schrieba und nix g'schprocha,
Und 's Schäufle, wölls it schweige will,
Aus laut'r Mitleid g'stocha.

Ear ka koi Thierle leida seah,
Da thät eah 's Hearz ihm brecha;
Und wölls ischt gar so peinle g'wea,
Jez hat'rs müeßa schtecha.

„So," sait'r, „werscht vom Leiba frei,
I iß bi nau zum Kräutle,
Dau isch uns allboid wohl drbei.
Em Juda gib i 's Häutle.

A Jud bös ischt an Eahrama,
Dear thuet bau nix verrautha;
Und für so b'sonb're Sächala,
Da hat'r oigne Dautha."

Dös ischt dös G'schichtle von beam Schauf,
Vom Schmerz isch loas, ja währle!
D'r Jörg hat gessa wia a Grauf;
Ischt dös koi guet'r Kerle?!

4.
'S g'lehrig Martele.

Wangners Resel thuet für's Büeble
    Scho recht groaßa Sorgfalt traga,
Hat'm g'lernet, beim Kaffeele
Glei b'r Muett'r Geltsgott saga.
Wenn ma's doch im Dorf au wüßt,
Was bös Büeble g'lehrig ist!

„Martele, wia sag's em Herrle,
— Bischt iez lang am Tisch döt g'seassa, —
Engele, wia mueß ma saga,
Wenn ma haut 's Kaffeele geassa?
Nu, wia sait ma? Sag's recht schea!"
„Mammele! i mächt no mea."

5.

D'r Fescht-Huet.
(Von Epple.)

"Wau haſcht mein Feſchthuet nathau,
 Käth'r?
I find'n in koim Kaſchta nit!
Es hat 'n doch beim Donnerwett'r
Em End it gar a Bettl'r mit!"

"Noi noi! Der Huet iſcht guet aufg'hoba,
Wau bear leit, kommt koi Bettler na;
I hau 'n unt'r Bettlad g'ſchoba,
Dau iſcht 'r ſicher, lieb'r Ma!

Wart nu, i will'n mit'm Beaſa
G'ſchwind füre kehra — glei iſch g'ſchea —

Dau brauchts koi Lärma und koi Weasa,
Und soll au koine Händ'l gea."

„Was? bau na g'heartr, du Kanali?
Wenn di nu glei d'r Deix'l hätt!
'N feina Huet, sex Gulde zahl i,
Und du? du stellscht'n unt'rs Bett!"

'S Weib lachet, nimmt da Beasa munt'r,
Fährt unterm Bett schnell mit'm rum
Und stoaßt drbei — es ischt koi Wund'r —
Zum Uglück grad 's voll G'schirrle um.

Naß ischt d'r Feschthuet füre komma
Und volla Feadra, volla Stroh;
D'r Ma hat 's Weib beim Kraga g'nomma,
Schlächts rum und sait: „Machs nomal so!"

Wia dau dia Zwoia g'schla und g'schtritta,
Gand d'Leut in d'Kirch im schnellsta Lauf;
Voar Wuath — ma hat scho zäma glitta —
Setzt Hans da Huet ohnputzet auf.

6.

Lenz of d'r Eisebah'.

„Komm, Lenz, mir gand of b'Eisebah',
Schlag faifa kommt d'r Poschtzug an;
Koi Bier berscht nimma komme lau,
Du kascht ja so scho nimma stau.
Komm nu, mir theand marschira,
Gang hear, i will di führa."

„Was? iez scho gau of b'Eisebah'!
Dia ka mi heirega, wenn si ma,"
So sait d'r Lenz, „und kommt d'r Zug,
Nau bin i beana, mia im Flug.
Dins lammer no eischenka,
Komm, alt'r Schneck! thue trinka!"

Ma trinkt a Mauß, und zwua scho au,
Und faifa schlächts — d'r Zug ischt bau;
Wear g'richt gwea ischt, bear steigt iez ein,
D'r Lenz wert it drbei g'wea sei.
Dear wert no in d'r Glocka
Beim volla Krüegle hocka.

Jez wia d'r Zug scho wied'r lauft,
Da kommt'r au so ane g'schnauft:
„Ja höbet doch, ja haltet a!
I mueß no mit of Jettinga.
Wia thät mei Käth'r zanka,
Dia wartet scho am Schranka!"

Do weit'r rollet b'Eisebah',
Der Lenz ka futtera, wia er ma.
„Ja wenn doch nu mei Käth'r wüßt,
Daß mir d'r Zug v'rtloffa ischt.
O Käth'r, hab koi Sorga!
Dei Lenz kommt moara Morga.

Es gat scho of halb Sechsa na,
Und schneia thuets, nu grad was ka;

Und Nacht isch au, nu Lenz was thuescht?
Dau kascht it furt, daubleiba muescht.
Dau ka ma doch it laufa,
Muescht halt im Wirthshaus schlaufa!"

Am Morga ischt'r früeh vom Bett,
Hat arga Katzajaumer g'hett;
Ear ischt d'r earscht an Schalt'r na,
Und schreit: „Billet of Jettinga."
Ischt au d'r earscht im Waga,
Nu! was wert Käth'r saga?

Doch Käth'r ist a prächtegs Weib,
Dia hat nit zanket, o bei Leib;
Dia hat'n tröastet: „Lieb'r Ma!
Gang 's nächstmaul früher num an b'Bah'.
Und z'Günzburg in b'r Glocka
Dau bleib fei nimma hocka!"

7.
Malafux und Olfa.

I hau mal in meim Bluamabött
 A wund'r scheana Bluama g'hött,
Kotz Malafux und Olfa.
Dia Bluam ischt fei g'wea, wenn is sa!
Am andra Morga stats m'r a,
Und hat halt nix mea g'holfa,
Au Malafux und Olfa.

Dös Veitabaura Durathea,
Dös ischt a bildschcas Mäble g'wea,
Au Malafux und Olfa!
Mit 18 Jaur. — no denk i bra, —
Da fangt se 's Karessiran a,
Und nau hat nix mea g'holfa,
Kotz Malafux und Olfa.

I hau am Aubed mal tarockt,
Und bin dau lang recht trucka g'hockt,
Kotz Malafux und Olfa!
Jetzt hätt i mal a Mätschle g'hött,
Da spielt b'r And'r voar mir bött,
Und hat mi halt nix g'holfa,
Au Malafux und Olfa!

I hau' amaul a Gäule kauft,
'N Renner, dear recht b'sessa lauft,
Kotz Malafux und Olfa!
Jez keit'r mi am hella Ta
Von öb'ner Straus in Graba na!
Raus hat ma mir nau g'holfa,
Au Malafux und Olfa!

I bin mal in 'r G'söllschaft g'wea,
So g'müethle hau' is neana g'seah,
Kotz Malafux und Olfa!
Da kommt b' Polis, so hört wia Stoi,
Und sait: Jez, Herra, gand'r hoi!
Und hat halt nix mea g'holfa,
Au Malafux und Olfa!

I gang dur's Muesbaur's Garta naus,
Da fangt mi b' Kellere of b'r Straus,
Ja Malafur und Olfa!
Mei Wurscht die sei i schulbeg no,
Und i hauns zahlt, bös woiß i bo,
Und hat mi halt nix g'holfa,
Au Malafur und Olfa!

Ich hätt mal a Pfarreile g'mächt,
Au, hab m'r denkt, bia wär iez recht,
Kotz Malafur und Olfa!
I mach a Bittschrift — feindle schea, —
Und haus nau an b'Regicring gea,
Doch hats mi halt nix g'holfa,
Au Malafur und Olfa!

Und stirb i in mei'm Waldkirch a,
Was wert ma nau wohl vom'r sa?
Kotz Malafur und Olfa!
Es wert halt hoißa — geand nu acht —:
Dear hat so manch's Gedichtle g'macht,
Und hat 'n au nix g'holfa,
Au Malafur und Olfa!

Ja Leut bös Ding ischt fei koi G'schpaß,
Da werret Oim schier b'Auga naß,
Kotz Malafux und Olfa!
Gell saget doch nau bös b'rzua:
D'r Herr geab ihm be öbeg Ruah!
Nau ischt doch öbbes g'holfa,
Au Malafux und Olfa!

8.
Hansjörg am Grabe seines Nachbars Valetei'.
(Autor unbekannt.)

Dez leischt halt au da binn im Boba,
Mei guet'r Nauchbaur Valetei'!
A Kreuz hascht nach b'r nuia Moda,
'S könnt wägerle nit schean'r sei'.
Ma moit nu, wia ma sölle Sacha
Ka gar so feinble saub'r macha!

Und gar so zierle und so liebla
Ischt z'mittlescht binn im Kreuz a Bild;
Und daß koi Wett'r ka v'rribbla,
Ischt oberhalb a roath'r Schild.
Und wenn i au no heut thät sterba,
Nau müeßt ma 's nemli Bild mir färba.

Und of'm Grab an Kreuz'r-Hafa,
Dear mueß bau ftau zum Weichbrunn gea;
Ja ja, dear g'heart au nu em Brava,
Dös mueß ma thua, denn bös ischt schea.
Und bös bringt oft oim Hoil und Seaga,
Dear so'scht no hätt a Sünd a z'feaga.

Kotz Kreuz, da staut ja öbbes g'schrieba,
Ischt Schad, daß i nit leasa ka'!
Als Bue bin i an Ochs scho blieba,
Und wer's au bleiba als a Ma'.
D'r Schuelkneacht hat m'r oft recht Taza
Nauf gea of meine broite Bratza.

Oft hat ma lange lange Oahra
Mir of mein groaßa Kopf nauf g'setzt;
Doch alz isch g'wea an mir v'rloara,
Nix hat ma os mein'r Dummheit g'wetzt.
J hau denkt: Was soll i mi scheara?
Koi Affakat willscht doch it weara!

Und 's wert halt ohng'fähr hoißa solla:
Dabinna leit a guet'r Chrischt,
Und daß'm sott a Jed'r zolla

A Vat'r unser ber bu bischt.
So hoißts, da wott i ebbes wötta,
Denn 's Nämle stat beim Uarle bötta.

Ja Valetci! du bischt iez g'storba,
J glaub, 's ischt schiergar scho a Jauhr!
Balb wär voar Loib bei Weib au g'storba,
Balb hätt au müeßa bia in b'Bauhr.
Und beine Kind'r, beine arma,
Hand thau und g'schria ganz zum V'rbarma.

Und gar arg g'heinet hat bein Dörle,
Dein Jakl, Franzeph und bein Leat,
Dei Hans, bei Michl und bei Vörle,
Dei Anastasl und bei Great.
Was hats denn ab'r g'nutzt bös Bölla?
Es hat's ja uns'r Herr so wölla.

Und 's Nämle wert eus all basiera,
Dia sind of bean'r groaßa Welt;
All müeße mir no a marschiera,
Glei ohne Baß und ohne Geld.
Denn bear macht it viel Spaß und Jaxa,
D'rsell mit seine bürre Haxa.

Und du, du hausch iez üb'rstanda,
Werscht froah sei, daß d' v'rtronna bischt!
Derscht nimma fahra iez in d'·Schranda
Und Zoara hau, wenn's wohlfel ischt,
Und mit de nuie Mauß und G'wicht'r
Di b'scheißa lau von beana G'sicht'r.

Derscht nimma heua iez und saia,
Und nimma füehra naus da Mischt;
Derscht nimma schneiba, nimma maia,
O sei nu froah, daß bös rum ischt!
Au was, wia müeße mir oft schwitza
Döt duß im Feld, bei beana Hitza!

Und alle Augablick kommt's Stuira,
All Stroich ischt bös Martine dau;
Und Knecht und Mägd — hand dia a Thuira! —
Und d'Handwerksleut land au it nau.
Du berscht it zainsa und it stuira,
Und fraugescht nix nach bean'r Thuira.

Und wenn iez au a Krieg thät komma,
Nau derscht bös fürchteg Zuig it sea,

Daß d'Gäul und d'Bueba wearet g'nomma,
Dös thuet oim fei scho anderscht wea.
Grab wenn ba moinscht, iez derfest grueba,
Da hollets d'r glei älle Bueba.

Dear Preuß, dear hat scho gar koi G'nüega,
Nix as Solbat, und mea Solbat;
Dear mueß sein Thoil scho au no kriega,
So g'wiß as wia d'r Bonapat.
Ja wohl! au b'Mand no construbiera,
Und in d'r Ähret exaziera!

Dear Plaug, dear bischt du iez v'rtronna,
Und bischt ganz sicherle da bob;
A Stund hascht unt'r dir no d'Sonna,
Dau singscht iez unserm Herra 's Lob.
Denn älle Tag hascht mit'm Lenzle
Im Käppale beat a Roasakränzle.

Hascht au nix z' theand g'hött mit'm Lüega,
Hascht gleasa oft und viel b'Legend;
Hascht au nix g'wüßt vom Leutbetrüega
Und nia an Fluech thau ob'r Ment.
Und solle Leutla, solla fromma,
Dia müeßet ja in Himmel komma!

Ja mei! dau haſcht du iez guet lacha;
Au was! dau mueß a Leaba ſei!
Dau thuet ma nix as Küechla bacha,
Dau trinkt ma nix as laut'r Wei'.
Am Werchteg ißt ma Leab'rknöpfla,
Am Sonnteg ab'r Gogelhöpfla.

Dau thuet ma alle Tag aufmacha,
Denn b'Kirchweih gat dau gar it aus;
Dau ſicht ma nix als ſcheane Sacha,
Dau leabt ma ganz in Saus und Braus.
O Valetei! bitt euſern Heara,
Daß i bött au mal derf ei'keahra!

Jez grüeß m'r halt no 's Linka Stepha,
Und 's Molla-Baura Katherei',
Mei Bäbi-Bäs, und Schwaugers Sepha,
Jez b'hüet di Gott halt, Valetei'!
I mueß iez gau, ka nimma ſauma,
I ſott heut no da Stal ausrauma.

9.
Kloi Hännsle z'Biberbach.

Kloi Hännsle gat of Biberbach
    Mit schwerem, schwerem Herza;
Sei' Müetterle leit krank im Bett,
Si hat a hitzegs Fieb'r g'hett
Und hat no arge Schmerza.

Und Neaman ischt, wau helfa ka,
Koi Dokt'r und koi Bad'r;
Si ißt nix, was ma bringa ma,
Und was si einimmt, schlächt it a,
Si ischt scho recht malab'r.

Da knieglet Hänsle na in b'Kirch
Und klägt sein Gram, sein herba:
„I bitt di recht, lieb's Herrgettle!

Au laß m'r doch met Müetterle,
Und laß fi no it sterba.

Du woischt ja, was um b'Muett'r tscht,
Wia bia für's Kind thuet sorga;
Und wia fi beatet, trachtet, sinnt,
Und wia fi schaffet, nait und spinnt,
Am Aubeb wia am Morga.

Du sell hascht au bei Mutt'r g'hett,
In alle Leabenstaga;
Ah gell, bös wär dir fürchteg g'wea,
Wennd hättescht b'Muett'r sterba sea?
Dös ka ma schier it traga.

Und wia wär's mir, wenn b'Muett'r sturb?
Dös kan i Neama saga;
Au laß m'rs doch, i bitt di d'rum,
Bis i von be Solbata komm,
Nau will i nimma klaga.

Ah gell, liebs Herrgettle, bös thuescht
Und lasch mea beff'r weara;

I bi nau g'wiß a brav'r Bue
Und schlag am Drescha herzhaft zue,
Will plauga mi und scheara.

Und schaffa will i, wia a Fei'd,
D'r Muett'r z'Lieb und Nutza;
I trag'r 's Holz in b'Kuche nei,
Und wenn fis hau will, hoifi ei
Und thue da Boda putza.

Und no ois thue i, wenn du hilffcht,
I wer's ja doch v'rzwinga!
A Jaur lang iß i gar koi Floisch,
Und was bös saga will, du woisch,
Dös Opf'r will i bringa.

Und iez a Bitt au no an Di,
Du lieba Schmerza=Muett'r;
Ah sag's Du au zum Jösesle:
„O laß beam Bueba s'Müetterle."
Und was Du bittescht, thuet'r."

Und dreimal beatet s'Hänsle so,
Wia euser Herr im Garta;
Nau gat'r hoim mit guetem Mueth,
Will gucka, was iez b'Muett'r thuet,
Ear kan's schier it v'rwarta.

Und b'Muett'r hat 'n gueta Tag,
Au b'Nacht ischt guet v'rloffa;
Und Hänsle hat os Dankbarkeit
Em lieba Herrgott Geltsgott g'seit,
Isch g'fehlt iez ob'r troffa.

Und seitdeam schafft'r, wia a Fei'd,
D'r Muett'r z'Lieb und Nutza;
Ear trait'r 's Holz in b'Kuche nei',
Und wann sis hau will, hoist'r ei'
Und thuet da Boba putza.

Und 's ganz Jaur au koi Bröckle Floisch,
Koi Bröckle hat'r g'nomma;
Of Kirweih nit, und Märtesnacht,
Am heiliga Tag und z'Fasinacht,
Dös ischt'n hört a'komma!

Und doch ear thuets. Du lieb'r Bue!
I mächt bi scho grab fressa!
Dir gats no g'wiß im Leaba guet,
Denn wear soviel für b'Muett'r thuet,
Deam wert bös nit vergessa.

10.

B'hüet di Gott!

Bi lang recht kloi g'wea, bös ischt waur,
Ma hat mi 's Fränzle g'hoisa;
Und hau doch scho in junge Jaur
Of Augsburg müeßa roisa.
O arm's Studentle! bischt so kloi!
Und b'Muett'r gat iez au mea hoi;
Ka nix mea sa, obwohl si wott,
Als „Fränzle, b'hüet di Gott!"

Was i benn sellmal g'heinet hau,
Dös mag i Neama saga;
Denn ganz alloing so z'Augsburg stau,
Wear sott benn bau nit zaga?
Und wau i gang und g'standa bi',

Dös Wöartle kommt it os meim Si',
Sogar it, wau i lerna sott,
Dös „Fränzle, b'hüet di Gott!"

No hört'r ischt b'r Abschied g'wea,
Dean kani gar it b'schreiba,
Wau d'Muett'r ischt am Sterba glea,
Und darf nit bei ihr 'bleiba.
Sie macht mir's Kreuz und sait b'rbei,
Daß bös für dia Welt 's letztmal sei:
„Und wenn di nimma seha sott,
Gelt, Fränzle, b'hüet di Gott!"

Dau hau i grauseg Schmerza g'hett,
Hau g'moit, 's sei aus und Amen;
Und i mueß furt, furt von beam Bett,
Of Augsburg zum Examen!
I woiß it, was ma examinirt,
I hau nu bös no repetirt:
„Und wenn di nimma seha sott,
Gelt, Fränzle, b'hüet di Gott!"

I hau's au naucha nimma g'seah,
Si ischt nau bald v'rschieba:

Dös ischt a chriſtles Weible g'wea,
O g'wiß! dia ſchlauft im Frieda!
J hoff au, wenn i heut mal ſtirb
Und mir mei Fahrt it ſell v'rdirb,
Daß ſui von oba winka ſott:
„Ja, Fränzle, grüeß di Gott!"

11.
Klausa Maragreath und Ama's Käth'r.

Maragreath.

Wenn hamm'r denn dan earschta Moia?
I moi, scho moara wer mrn hau;
Mei Sepp'r kommt huir au an b'Roitha,
I mueß mit ihm zum Schuellehr gau.
I woiß it, i hau sell so Aengschta,
Dau zue beam roatha Schuellehr nei;
Haut bear 'n Bart, ban all'rlängschta!
Wia mueß iez earscht be Kinb'r sei!

Käth'r.

Ja mei! i wött vom Bart nex saga,
Hat ja b'r Holzwart au oin g'hett;

Und au b'r Goißbock därf oin traga,
Ob ear iez wüescht ischt, ob'r nett.
Do was i kürzle hau v'rnomma,
So soll'r fürchteg herresch sei;
Ma mueß zue ihm ganz fürnehm komma,
So'scht laß'r oin glei gar it nei.

Maragreath.

J glaub bear g'heart au zue be selle,
Wau grünble aufklärt sind im Kopf
Und glitzga theand, voar laut'r Helle,
As wia a blech'ner Thuraknopf.
Guetnacht! dia Kind'r werret gucka,
Wenn bear so hoah ra schuela thuet;
Moischt it, bear müeß si au no bucka?
So'scht thäts of b'Länge doch koi guet.

Käth'r.

Ja Greath, dean sottescht heara sprecha,
Wenn ear a maul sechs Krüegla haut;
Dear thät sogar da Pfarr no stecha,
Nu baß halt bear it zuenem gaut.
Ear könn' da ganza Himmel b'schreiba,

Kenn b'Stearan all am Firmament;
Drum theab'r 's moischt im Wirthshaus
　　bleiba,
Bis alle Steara hußa senb.

Ear kenn b'Metall unb b'Öbelstoiner,
Unb alle Thierla — Maus unb Laus;
Unb rechna könn'r wia no Koin'r,
Ear reiß oim glei b'Quabratwurz raus.
Im Turna, sait'r, sei ear Met'r,
Unb was i woiß im Ei'schla au;
Unb Tanza kan'r scho wia's Wett'r,
Nu, Maragreath, was saischt iez bau?

####### Maragreath.

Ja los! i mueß iez bumm brei' schwätza,
Was hanb denn b'Kinb'r bau b'rvo?
Dia Künschta ka 's g'moi Volk it schätza,
Wia stats benn mit b'r Religio?
Du siegscht'n in b'r Kirch nia beata,
Am Werchteg heart'r b'Meß nia ganz;
Zum Roasakranz ba mueß ma'n neatha,
Jez·haun i g'nua am koiza Schwanz.

Käth'r.

Ja Maragreath! dau hats 'n Macka,
Dös hat mei Ma earscht nächtig g'sait;
Und alleweil im Wirthshaus flacka,
Ma sott nu moina, wia sis trait!
J hau zearscht au so wölla moina,
Jez wers um b'Schula bess'r stau;
Ma wer mea lerna as beim Dina
Und oarbale voarane gau.
O, sait mei Ma, dau werscht bi brenna!
A Schwind'l ischt ihr ganza Wix;
Grad wau die Schuellehr alz wend kenna,
Dau kennet b'Kind'r moistens nix.

Maragreath.

Nu Käth'r! moara wem'r heara,
Gell schrei m'r a, gang it alloi!
Und nimmt ma eus're Kind it geara,
Gotts Naman au, na nimmt ma's hoi.

12.
Kind'r saget d'Wauhret!

Herr Lehr', i hau 'n Grueß für Ui,
Mei Senze thuet koin Brief it schreiba;
I soll nu sa, si sei nit schui,
Ihr sollet nu bahointa bleiba.
Si find scho of ba Markt alloi',
Und nach'm Markt au wied'r hoi'."

„So hat si g'sait? — Nu grüeß m'rs schea
Und saischt, na theab i au net schreiba;
Doch an b'r Kirweih komm i mea,
Da bärf sui nit bahointa bleiba.
Sag nu, si soll mis wissa lau,
Ob si mit mir zum Tanz will gau."

Jawohl Herr Lehr! dau isch scho recht,
Dau gat sie scho, was i v'rnomma;
Si hats scho g'sait, i moi earscht nächt,
Ihr könnet ihr of Kirweih komma."
Nu Schuellehr sieh, iez bischt ja b'stöllt!
Warum hasch iez denn nimma g'wöllt?

13.

'S Bäbale.

Dös Bäbale, dös Bäbale
 Woiß alleweil z'bischeriera;
Und all'weil gat bös Schnäbale,
Ma moint, ma theab'rs schmiera.
Und wenn b'r Vat'r zanka will,
Daß bös sich doch nit g'heart,
Na hilft'r b'Muett'r: „Gang sei still!
Da ischt nit der Müeh wearth."

Dös Bäbale hat 'n groaßa Staat,
Mit Huet, Schacket und Röckla,
Trait Alles, wia ma's z'Müncha hat,
Au Stiefela mit Stöckla.
Und wenn b'r Vat'r kurra will,
So wert'r gar it g'heart;

„A mei'", sait b'Muett'r, „sei boch still!
Da isch nit der Müeh wearth."

Dös Bäbale zue b'r Muse gaut,
Thuet tanza und flangira;
Und bös, so lang ma Muse haut,
Bis Morga brui und Viera.
Und wenn b'r Vat'r kurra will,
So wert'r gar it g'heart;
„A mei'," sait b'Muett'r, „sei boch still!
Da isch nit der Müeh wearth."

Doch s'Bäbale, doch s'Bäbale!
Dau isch it recht im Reina;
Und nimma gat bös Schnäbale,
Si thät am liebsta heina.
Und wöll iez b'Muett'r jäum'ra will:
„Ja Ma! hasch au scho g'heart?"
Da sait b'r Vat'r: „Du sei still!
Gell iez isch der Müeh wearth?!"

Si heinet, daß ſi ſchier v'rgaut,
Und thuet oin doch it baula;
Denn wenn ma's früeher g'mahnet haut,
Da hat ſie müeßa maula.
D'rum, wenn's bei Kind'r Fehler geit,
He Leutla! hand'rs g'heart?
Da mueß ma wehra no bei Zeit,
Dau iſch ſcho der Müeh wearth.

14.

Kind'rzucht beim Hoi'za.

D'Frau Hoi'za hat zwoi Büebla g'hett,
 Da Michale und da Steffa,
Zwoi Büebla, ja scho mod'lnett,
Ma ka's it schean'r treffa.
Und g'folget hand se — ab'r wia?
Em oigna Kopf — d'r Muett'r nia.

I.

A maul da fällt's em Michl ei,
So zwischa drui und viera:
„A Butt'rbroat könnt au guet sei;
Jez Muett'r! thua glei rüehra!
Gang laß a maul dös Spinna gau,
I mächt a Butt'rbroatle hau!"

„Jez no nit glei, wotſch Engele!
Jez thuet ma no nit rühra;
Gelt wart iez no a Wengele,
S'iſcht ja earſcht halba viera.
Wenn i mein Flachs ra g'ſponna hau,
Gleiwohl nau ſoll's an's Rüehra gau."

Da fanget d'Bueba s'Heulan a,
Theanb fürchteg lamentiera;
Da ſpringt bia Muett'r, was ſi ka,
Und thuet be Büebla rüehra.
O Kinderla! ſind doch iez ſtill!
Dia Muett'r thuet ja, was ma will.

II.

D'r Steffa ißt z'Mittag it viel,
Ear nimmt a Stuck weiß Broat;
Und Namittag bau trinkt'r Mil,
Denn d'Muett'r milkt be Roath.

Doch loset, was d'r Michl will,
— Ischt bös a glüftig'r Bua! —
Ear will mit G'walt iez au a Mil,
Doch von d'r schwarza Kuah.

Und d'Muett'r sait: „Jez grab mit Fleiß
Kriegsch von d'r roatha Kuah;
Wearsch seah, dia Mil ischt grab so weiß,
Jez milkt ma nit allzwua."

Da stampft d'r Steffa mit'm Fueß
Und schreit: „De Roath g'heart mei!"
Und Michl sait: „Mei Mil bia mueß
Vom schwarza Küehle sei."

Dear will be schwarz, und bear de roath,
Und geand halt nimma Ruah;
Und 's Müetterle in groaß'r Noath? —
Die milkt halt iez allzwua.

III.

D'r Michl ischt halt gar it guet,
D'r ärgscht in Kirch und Schuel;
Deam schneidt'r Löch'r in ba Huet,
Dean keit'r naus beim Stuehl.

Da nimmt d'r Vat'r d'Birkarueth,
— Nu Michl heut komscht recht —
Und wixt'n rum, baß pfeifa thuet,
Guetnacht! bear schreit it schlecht.

Da bricht d'r Muett'r s'Herz schier a,
„Ja Ma! bisch denn a Narr?
Wear wert denn so ba Bueba schla,
Und alz nu weag'm Pfarr!

Du woisch doch, baß'r 's Kind und mi
Koi Bißle leiba ka;
Jez kommt'r au no hint'r bi
Und reibt ba Bueba na!

Wenn ear au wär wia and're Leut
Und oig'ne Kind'r hätt,
Na wußt'r au, was Eltra freut,
Und nähm it alz so nett.

Da soll ma allweil b'Kind'r schla,
Ja Sch—necka! wenn i ma';
Und los nu du, i will b'rs sa,
Du reg' m'rn nimman a'!

Gang, Michele! laß 's Heina sei,
Gell 's thuet halt recht wehweh?
Komm nu zue mir in b'Kuche rei,
I mach b'r an Kaffee."

Dia Kind'rzucht ischt liberal,
Doch Leut, bös ischt a koiza:
So macht ma's fei nit überal,
So macht ma's nu beim Hoinza.
Und wear recht bease Kind' will hau,
Därf nu in b'Leahr zum Hoinza gau.

15.

Sonn oder Mo'?
von Epple.

Zwoi Bäurla ganb vom Wirthshaus hoi,
 Doch koiner ischt mea ganz alloi;
Si wacklet rum, es ischt a Graus,
Und Koiner woiß, wau a', wau aus.

„Es mueß scho früeh sei, Nochbersma'!
 I glaub es fangt scho z'tagan a';
D'r Tag bear stellt si währle ei',
Mir hand ja gar scho Sonnaschei'."

„Ei b'hüet is Gott! bös ischt d'r Mo',
 I kenn 'n an d'r Geale scho';
Um dia Zeit scheint koi Sonna nit,
Dau kanscht du saga, was du witt."

„Und d'Sonn isch halt, und bös sag i,
D'r Mo' ischt furt, — du bischt a Vieh! —
Dia Geale kommt vom geala Wei,
A Maußa vier hascht g'soffa fei."

„Dau kommt a Ma, dean fraug i gau,
Na wersch scho sea, daß i Recht hau.
Wia Nochber! saget uns bo glei,
Ob bös d'r Mo' — ob's d'Sonna sei!"

„B'rzeihet, i woiß au it wia,
I roiß nu dur, bin it von hia;
Dös ischt koi Sonn, und ischt koi Mo',
I moi, dös sei a Luftballo'."

„Dös isch a Rindvieh! laß 'n gau,
I mueß von deam koin Aufschluß hau;
Komm nu, mir gand zum Adler nei,
Dau krieg m'r G'wisheit von dem Schei."

16.

Sah-Vertrag.

„Ja Lise, gascht denn gar it hoi!
I bin be halb Nacht ganz alloi;
Dös mächt oim scho v'rtloiba!
Dei Gelble wert balb bussa sei,
Am End komscht gar in b'Schulba nei!
I laß mi scho no schoiba."

„Ja Mariann, du guldes Weib!
Woisch Ma und Weib dös ischt oi Leib.
O göttlicher Gedanka!
D'rum trink i nu oi Mauß für mi,
De zwoit, bia trink i nau für bi.
Da kascht iez doch it zanka!"

„Was? Pfiffikus! was schwätzscht iez bau?
Dös Kunscht-Stuck, woisch, bös kan i au,
Und will's glei moara treiba;.
I trink a Schaal Kaffee für mi,
Dia zwoit, bia trinki nau für bi,
Und du kascht lüecht'r bleiba."

Dich! denkt b'r Ma, so därf's it gau,
I mächt scho sell 's Kaffeele hau;
Hau gar an schlechta Maga.
Mei Marjann bia hat Haur am Zah',
Da fang i nimma 's Räcklan a',
Dau mueß mi gau v'rtraga.

„Los, Mariann! woisch wia ma's macht?
Dös ischt am Böschta, gib nu acht,
Mir trinke iez selband'r.
I trink am Morga b'Brüleh mit dir,
Und du trinkst z'Aubed 's Bier mit mir,
Und — gand in's Bött mit'nand'r."

„Thua d'Hand hear, Ma! dau schlag i ei,
So isch mir recht, und so sott's sei,
Dös hilft nau alleboiba;
Ma schafft mit'nand'r, Ma und Weib,
Hat au mitnand da Zeitv'rtreib,
Nau sag i nix vom Schoiba."

17.
Streit und Versühning.

Em Jobler von b'r Hammerschmitt,
   (Ear ischt scho lang iez g'storba,)
Deam hat mal 's Weib dan Appetit
Of langa Zeit v'rdorba.
Ear hätt si geara schoida lau,
Doch will'r it in Pfarrhof gau;
Wia richt'r bös? iez geand nu Acht!
Ear hat a Breat in's Eahbött g'macht.

Jez leit a Jed's im b'sond'ra Bött,
Ma ischt leibhafteg g'schieba;
Ma hat koi Weartle zämagröbt,
Natürle! 's fehlt b'r Frieda.
D'r Jobler schillet grimmig num,
Und b'Joblere ganz fuirig rum;

Und ear hat Recht, und Recht hat sui,
So ischt ma scho 4 Wucha schui.

Da fangt b'r Jobler z'nießan a,
Mueß z'Nacht zwoi, bruimal nießa;
Und b'Joblere schreit: „Helfgott Ma!"
Wia wenn's hätt so sei müeßa.
„Weib! isch b'r Eareſt? sag's nu frei!"
„Ja freile, Ma! es bleibt b'rbei."
„Ja wenn bös so ischt, Lisabeath,
Nau iez nu glei raus mit'm Breat!"

18.
D'Waſſ'r-Kur.

Da Stößl ſigſcht iez nimma laufa,
Dear ka b'r au koi Woart mea ſa!
So gaut's halt mit beam Waſſ'r ſaufa!
D'r Dond'r ſott's in Boba ſchla!

Hätt Stößl Bier und Wei furtg'ſoffa,
No thät'r leaba, bös ſag i;
O daß b'r Toad bean Ma hat troffa,
Es iſt nu Schad um ſein Scheni.

Dean Dokt'r ſott a Bomm v'rſchlaga,
Dear aufbraucht hat bia Waſſ'rkur!

Ischt bös a G'süf au für da Maga?
Noi, bös v'rderbt de ganz Natur.

So Wass'r geit scho koine Kräfta,
D'rum klaget au so manche Frau;
Voar Elend müeß si manche G'schäfta
Älz halb ausg'machet liega lau.

Zum Saufa ka koi Wass'r tauga,
Dös macht da Maga eab und schlapp;
Und wia a G'storb'ner kriegt ma Auga,
D'r Bauch wert wia a Pud'lkapp.

Ma weart so elend zum V'rrecka,
Und sicht ganz miserab'l aus;
Ma ka it laufa ohne Stecka,
Und b'Rippa fallet oim schier raus.

Nau bei beam G'süf no componira,
Wia sott's doch dau Gedanka gea?
D'r Maga wäss'rig, und au 's Hira,
Da wert do g'wiß koi Arbet schea.

I thät a maul koi Waff'r saufa,
Und wenn i sterba müeßt voar Durscht.
Dia Mandsleut, bia zum Brunna laufa,
Dös sind mir scho de rechte Burscht!

Beim Vieh, dau laß m'r 's Waff'r g'falla,
De Fisch, dau isch ihr Clament;
Doch i sauf Bier — juhe! laß knalla —
Weg mit'm Waff'r! Sak'rlent!

Scho in be Schueh ka's i nit leiba,
Bin wüethig, wenn a Stief'l rinnt;
D'rum will i b'Brunna fleißig meiba,
Und Waff'r schöpfa nu, wenn's brennt.

In's Wirths seim Keller ischt mei Brunna,
Am groaßa 34 ger Faß;
I will meim Ranza guets v'rgonna,
Denn 's Waff'r ischt do gar so naß:

Wär 's Waff'r gar so fürnehm, Brued'r,
Und wirkle als Getrank bös Bescht,

Nau thät ma it uns g'moine Lueb'r
Bei Broad und Waff'r in Arescht.

Wött Gott mir 100 Jäurla geaba
Beim Waff'r — und beim Wei a Jaur;
Dös Jäurle wott i lieb'r leaba,
Als selle 100, guck 's ischt waur.

Zue was hat Trauba, Gearsta, Hopfa
D'r liebe Herrgott wachsa lau?
Und doch geits viel so eabe Tropfa,
Dia nix theand als zum Brunna gau.

Meinthalb! J laß bia Narra laufa
Und bleib' beim gueta Bier und Wei;
Dau isch oim wohl, dau ka ma saufa,
Und kreuzfidel und luschteg sei.

D'rum, Leutla, mir land Bier auftraga,
Denn uns're Mäga wend nix Schlechts;
Und saufe mir uns a' ba Kraga,
Nau isches bo mit öbbes Rechts.

D'r Himmel mög da Stöß'l tröasta,
D'r Herr geab ihm be öbig Ruah!
Mir ab'r land uns Spätzla röasta
Und saufe tüchteg Bier b'rzua.

Stößl war, soviel mir bekannt, Musikmeister in Ulm ober Stuttgart, soff sich die Lungensucht an den Hals und starb während des Gebrauchs der Wasserkur.

Vorstehendes Gedicht, verfaßt von Schullehrer Epple in Gmünd, kam anno 1842 in der Abendzeitung.

19.

D'r Pud'l-Kauf.

I bin mal bei em Abschied g'wea,
Und dau mueß 's Mode sei,
— I hau's a mal scho öft'r g'seah —
Dau kaufet b'Herran ei.

D'r Oi' bear kauft a Fähnale
Und macht b'rbei sein Witz;
Dear handlet um a Pommerle,
An And'rer um an Spitz.

Jez i tapp an 'n Pub'l na,
— Doch, Herra, Neama sa! —
Und hau 'n rauf von Weisinga
Of Waldkirch wölla tra.

Jez wia i raufkomm of dia Höah
Bei Altaboindt daurum,
Dau ischt dia grausig Mordthat g'scheah,
D'r Pub'l reißt mi um.

Und wia i of'm Boba flack,
Ischt glei mei Pub'l weg;
I hau nu mea da leera Sack,
Und bear ischt vola Dreck.

Da hau m'r denkt: Dös merk b'r, Franzl
Und 's nägschtmaul gascht allot.
A Pub'l ischt a Lueb'rsschwanz,
Da kommt ma breckig hoi!

Und wenn ma au bedächtig lauft,
Es gat halt doch soso;
J hau amaul 'n Pub'l kauft,
Dös Geld, dös ruit mi no.

D'rum Herra! gat an Abschied a',
Und wend g'rad öbbes hau';
Gell', kaufet Ui nu Pommerla',
Und b'Pub'l land sei gau'!

20.
A g'wiſſahaft'r Holz-Dieb.

Dau gang i mal — 's iſcht no it lang —
Im Wald a weng ſpaziera;
Und wia i dau ſo ane gang,
Hear i a Paar biſchkriera.
Vom Schießa nix und nix vom Jaga,
Nu los a weng, i will b'rs ſaga.

„Dau ſuech iez i, mei lieb'r Leartt,
Scho alleweil a Stanga;
So vierazwanz'g, breiß'g Kreuz'r wearth,
Und 's will halt koina langa.
Iez mueß i beana oina haua,
Wotſch, bei de Wint'rbach'r Fraua."

„Ja Lise! ja wia kommſcht m'r für?
Wia magſcht denn bau lang wahla?
A Stang, und glei da Preis b'rfür!
Du werſch ja doch it zahla?
A b'ſond'rer Hoil'ger biſcht ſcho, Liſe!
Dös hat bo g'wiß an ander's Niſe!"

„Ja guck! mei Bue hat Streue g'recht
Im Burg'r G'hau beim Graufa;
Jez thuet ma mi — bös iſcht it recht! —
Glei um drei Gulde ſtraufa.
Dau hat ma mir doch z'viel a g'nomma,
Da thät ja i in Schada komma!

Zwea Gulde breiß'g iſcht b'Streue wearth,
Woiſch, Leart, i bi gar röble!
Mei Bua hat g'rechel, wia ſis g'heart,
Nau iſch em Holz it ſchäble.
D'rum iſch b'r Grauf an halba Gulde
Bis of da heu'tiga Tag no ſchulde.

Für bös dau holl i iez bia Stang,
Nau wert's so nähzue roicha;
Und für's V'rsäuma und da Gang
Dau holl i ötle Spoicha.
Dean Weag, zum G'richt, dös ka'scht d'r benka,
Dean kan i nit em Grausa schenka.

Dau siegsch! i bin a eahrlis Bluet
Dös ka'scht os beam scho schließa;
Und für da Grausa ischt bös guet,
Dear müeßt's im Feagfuir büeßa.
O wenn's bear wüßt, bear durft it zanka,
Dear müeßt si oiges no bedanka."

Au! hau m'r denkt, bös sind a Paar,
A Paar recht fromme Seala!
Jez d'Jägersleut, bia moinet gar,
Dös sei it weit vom Steahla.
Ei b'hüet is Gott! beim gueta Ltse,
Dau hat bös Ding an anders Nise.

21.
A Bildle.

Sephale hat a Bilble kriegt,
 G'heart ihr iez ganz oiga;
Springt mit hoim, ischt ganz v'rgnüegt,
Will's b'r Muett'r zoiga.
"Muett'r, gucket 's Bilble a'!
Scand 's ischt b'Muett'r Gottes!
Nu wear alle Frauga ka',
Kriegt a mal a sottes."

"Taufet nei! a so schea's Bild
Hat b'r Herr dir geaba!
D'Muett'r Gottes saunft und milb
Und ihr Kind b'rneaba!
Sephale! iez lerne fei,
Sei recht brav, thue beata!
Nau wert sui bei Muett'r sei,
Hilft b'r os be Neatha."

Sephale mit achtzeh Jaur
Hat scho 's Bild v'rgessa,
Schnecklet naufwärts ihre Haur,
Ischt of's Häs v'rsessa.

D'Achsla trait se halba bloaß,
Doch 'n Schlepp 'n langa;
Und a Mascha, fürchteg groaß,
Hat se hinda hanga.

Dich! iez nimmt's b'r Pfarr' in Acht,
Thuet'r 's streng v'rweisa:
„Hascht doch du a kehla Tracht!
Mächt b'rs g'rab v'rreißa."
Und dia Mädla, hell v'rgnüegt,
Könnets nit v'rbrucka:
„Sephale! hascht a Bildle kriegt?
Ei wia laß mi gucka!"

Sephale, wöl's heirega will,
Macht ihr Braut-Examen;
Aber dau isch sei'tle still,
S'ischt gar bald beim Amen.
Haut em Pfarrer gar it g'nüegt,
Redt ihr earnst in's G'wissa;
Hat halt mea a Bildle kriegt,
Hät's scho gearn v'rrissa.

Ab'r — denkt sie — iez isch rum,
Laß m'r koi's mea geaba!

Wenn i zue meim Ma iez komm
Isch an anders Leaba.
Sephale, gelt brenn' di nit!
Willscht da Hals nit biega,
Ka'scht bei jedem Schritt und Tritt
Nuie Bilbla kriega.

Hängscht du viel an b'Hoaffahrt na,
Ka'scht du nix im Kocha;
Nimmscht viel Zeit zum Plaudara,
Hascht a G'schirr v'rbrocha:
Au! wia werts dau Bilbla gea!
Sottes und a sottes;
Ab'r Bilbla nit gar schea,
Koi's koi Muett'r Gottes.

An Sephale's Ma'.

Ab'r Ma! iez hear mein Rauth,
Werscht m'rs nit v'rdenka!
Wenn a Weib z'viel Bilbla haut,
Mächt si's mea v'rschenka.
Gang doch hoim, und nit so spät!
Lärm nit of b'r Stiega!
Jöckes! wenn's bi heara thät,
Thätscht glei heu't ois kriega.

22.
Nu nit mißverstau'!

D'r Fuchsbau'r, bear gat fleißeg naus
    Mit seiner Flint zum Jaga;
Doch Wildbret hat'r nia im Haus,
Dös mueß sei' Bäure saga.

Ear schuißt wohl manchmaul of da Schei',
Daß b'Hasa nit v'rschlaufet;
Und biamaul au no hinbabrei',
Damit se flink'r laufet.

Jez b'Füchs bia schoanet'r scho gar,
Ma ischt ja halbthoil Vett'r;
Und 's Fuchsfloisch ischt ja so it rar,
S'mags ear it, wia sei Käth'r.

Doch b'sonder's geara hat'r b'Reah,
Dia hand so g'scheide Auga;
Dös thät 'm in b'r Seal b'rin weah,
A so a Thierle plauga.

Und kommt au ois um Beatläut 'rum
Raus of sein Veasan-Ack'r,
Da schuißt'r oftmal hindanum,
Und schreit: „Gascht nei', du Rack'r!"

Ma plauget ihn oft stundalang;
Doch mei'! was ka ma saga!
Sait ear, daß ear ge Schießa gang?
O nol! ear gat — „ge Jaga."

23.
Voarsorg nauch'm Brand.

„Ja Mannd! ihr könnet dau so durma?
D'Fuir-Reit'r sind so eaba dur.
Z'...hausa thuet ma fürchteg sturma,
Und ihr hand dau no uir Pläsur?
Ja machet doch, daß b'Spritz wert g'füehrt!
J ka's ui sa, es prässa'diert."

So haut b'r Burgamoischt'r g'schprocha,
Und Alles wummlet durananb.
Doch ischt a Spritza-Räble brocha;
„Was ischt iez dau z'tendiret? Mannd
Probieret ois von's Müllers Schös!"
Sait Ziegel-Veri's Enderös.

„Hauscht recht! dös könnt am böschta bassa,
D'r End'rös hat halt Hausv'rstand!

Nau nimm m'r au glei 's Müllers Plaſſa,
Und 's Veita Räppla kommt an d'Hand.
Na gat dös Fuhrwerk ſcho vom Fleck,
Dös lauft em Deux'l 's Oahr aweg."

„Jez Hanns! nu glei in b'Mühle ſpringa!
Und dumm'le bi, lauf it ſo faul!
Thueſch 's Räble und da Pläſſa bringa,
Und Michl, du holl 's Veita Gaul!
A Zielſcheit gat is au no a,
Gell Lenz, dös haſcht mea du mit' na!"

„Wau iſch denn ab'r Schloſſers Marte?
Dös iſcht doch au a tremmligs Choar!
Wenn wir dahia ſo lang ſcho warte,
Nau kommet b'Schnauz'l*) uns no voar.
Nu, Burgamoiſcht'r, nau hätt's Läus,
Dös gäb n' richtiga Verweis."

„Gand ihr d'rweil um uire Küb'l,
Und b'Schläuch rauf! wia ma's feart hat
    g'hött.

---

*) Mit „Schnauz'l" ſind bie Herren von Gericht
gemeint, Amtmann ꝛc.

Ja Öloment! — iez isch it üb'l!
Jez ischt am Schlauch koi Mundstuck bött!
Dös hand g'wiß mea dia Bueba thau,
Dia könnet do nix stracka lau!"

„Ja Mand! dös ischt iez it zum Lacha,
Jez ischt scho alz notal v'rthau;
So ka ma mit d'r Spritz nix macha,
Dia därf m'r glei dahoi'ta lau!
S'ischt schad! iez hat ma's feart probiert,
Und alz so pünktle geraziert!"

„Au Leut! wia wert bear Amtma' zanka,
Ear ischt gar fürchteg reasch und g'schnell;
Dau mueß i scho a Bißle ranka,
J sag halt, 's fehl am Fontanell.
Nau moine, sott sei Gift v'rgau,
Und sott si doch mea b'richta lau."

———

„Ma moint, es häb si alz v'rschwoara.
Dau kommt a Botschaft: 's Fuir ischt g'löscht;
Ma thuet nu wacha no bis moara;
Und rengna thuets, bös ischt no 's böscht.

4**

Au Mannd! iez ischt m'rs wieb'r leicht!
As wia nach meiner earschta Beicht."

„Ja 's wär au schab g'wea für bös Oartle,
Es leit so schea romanisch dau;
Und b'Leut so brav, dau fehlt koi Wöartle,
D'rum hilft nau euser Herrgott au.
Und bear woiß allemaul 'n Rauth,
Wenn an b'r Spritz au 's Rad ra gaut."

„Ja Leut! bös ischt no guet a'gloffa;
Doch 's nägschtmaul dau mueß 's beff'r gau:
J mueß iez halt — bös sag i offa —
Da Spritza-Schupfa spörra lau.
Nau könnet b'Bueba nimma nei',
Und nau wert b'Sach in Oarning sei'."

„Und Schmied und Wanger, land ui saga,
Daß fei' bös Spritza-Rad wert g'macht,
Und oardale mit Eise b'schlaga,
Und geand m'r recht of b'Schraufa Acht!
Und richtet b'Sach, bis 's wieb'r brennt,
Daß 's au a Blind'r — z'Nacht no findt.

24.
Mane thekel phares,
ober 's G'richt Gottes,
wia's Berg-Uarles Andrös schilderet.

D'r Schneid'r mit sei'm Hedr'-Huet
 Will alz zwoi druimal g'schauba;
Und wenn's b'r Pfarr' au prediga thuet,
So mag ear's no nit glauba.
So kommt'r mal zum Anderös;
„Jez," sait'r, „eschplezier m'r bös:
Dös ischt doch öbbes Narrets,
Dös Manet Hedl Pharrez.

Gieng alz so pünktle auf und zue
Als wia bei Meaß und Öla,
Nau hätt b'r Herrgott nia koi Rueh
Mit Wäaga und mit Zöhla.
Wia Viele sterbet in b'r Stund!
Ja mei' Gott! meah als g'stutzte Hund;
Und Juda, Christa, Hoiba,
Wear könnt bia alle schoiba?"

„Ja Schneid'r!" höbt d'r Andrös a,
„Ja fürchscht d'r du it Sünda?
Dau knackleſcht g'rad am rechta Zah',
Wart, nu dir will i zünda.
J will d'r nu a Gleichniß ſa,
J hau's voar Auga alle Ta;
Und kann d'r's au glei nenna,
Woiſch 's Koara of'm Tenna.

Guck! wenn mir all'mal droſcha hand,
Und Koara, Staub und Bolla
So dauleit, alles duranand;
Nau thuet ma d'Putzmühl holla.
Da leichta Zuig und Staub und Dreck,
Dös ſchafft dia Mühle hindaweg;
Und voarna ra lauft 's Koara,
Dau iſcht ma gar it g'ſchoara.

'N Thoil, dean laßt ma zwoimal ra,
Dau wert nau ſtärk'r trieba;
Und daß d'r öba Alles ſa,
Dia Putzmühl thuet au ſieba.
So ſchafft ma alla U'raut naus,
Nau trait ma's earſcht in's Koarahaus;
Doch putzt ma dauſed Keara
In zwue Minuta geara.

Und so a Putzmühl oig'ner Art
Hat uns'r Herrgott doba;
Es kommet Scala fei' und zart
Und kommt au mancha groba.
Ma laßt's halt dur dia Putzmühl na,
Und haut si 's G'wicht, fällt's voarna ra;
Wenn nit, nau ka ma's hinda
Beim groaßa Haufa finda.

D'r Papst, dear üb'r Alle staut,
D'r Koiser und sei Schreib'r,
D'r Kanzler und Minischt'r-Raut,
Als wia d'r Gäns-Austreib'r;
Dös g'moi' Volk und dös Herra-G'schmoiß,
Ob's Exalenz, ob's Bettl'r hoiß,
— Wear frauget nach de Näma? —
Dia thuet ma alle zämma.

Nau schütt ma's nauf of b'Herrgottsmühl,
Und Alles wert dau g'mahla;
Und g'sonderet bei Butz und Stiel,
Da laßt ma koin mea wahla.
Und kommt dau so a leicht'r G'söll,
Dear mueß scho' pflud'ra of d'r Stöll;
So Kerle ohne Glauba,
Bue, Mändle, dau wert's stauba!

D'r greaescht Thoil gat scho hinba unm
Und füre kaum b'r Zeahba;
Doch ischt b'r G'spaß nau no it rum,
D'r Deuf'l will's no reaba.
Dear braiht b'rs hear bia Dischtlköpf,
Und nimmt's nau oinzel bei be Schöpf;
Dia kennt'r of da Dupfa
Und laßt b'r g'wiß koin schlupfa.

Sieh g'rab so stat's im Testament,
J wott b'r 's Blättle nenna;
D'r Herr häb b'Schauf'l in be Händ
Und säubere sein Tenna.
Und woisch, bös hat'r selb'r g'leahrt,
D'r Deuf'l häb a Sieb begeahrt;
Ear wöll b'Apost'l sieba,
Und Jaudes ischt b'ra' blieba.

Gib Acht! baß bir it au so gaut
Mit beine hundert Zweifel;
Voar laut'r G'scheibe woischt koin Rauth,
Nau reit't bi earscht b'r Deuf'l.
No könntesch änbra, und earscht leicht,
Thue nu a maul a rechta Beicht;
Und suech 'n scharpfa Herra,
Nau ka's no öbbes werra.

Heh Schneiderle, iez hängscht da Grind!
A Zeit lang kanscht no trutza;
Doch boba gat an and'rer Wind,
Beim Wäaga und beim Putza.
Wear's iez it mit d'r Kircha haut,
Und selta in a Pröbig gaut,
Dös ischt a Spruil, koi' Woiza,
Deam thuet ma 's Fuirle hoiza.

Es laufet g'rab iez viel so rum,
So hell aufklärte Goischt'r;
Dau keahrt bear boba d'Hand it um,
Ear ischt und bleibt d'r Moischt'r.
Ear kriegt's no all, bia saub're Burscht,
Und jed'r kriegt sei' b'sond'ra Wurscht;
Ma keit's halt naus beim Tenna
Und thuet's — „mit Gunscht" — v'rbrenna."

Nu Schneib'r heh! wia g'fällt d'r bös?
Gelt bear ischt scharpf, bear Änderös!

25.

D'r Galga-Siech.

D'r Bachhann's sott 'n Wiesbaum hau'
Und mag halt doch koin kaufa;
Ear hätt 'n prächtiga seah staū'
Im Bauraholz beim Graufa.
Jez wia's a maul recht witt'ra thuet,
Da faßt'r si halt doch n' Mueth.

Und richte, bringt'n rei' mit Lischt
Und thuet 'n au glei schöla;
Und mißt 'n a, wia's Voarschrift ischt,
Nach Met'r, nit nach Ōla.
Macht au 'n scheana Gränb'l rum,
Und loihnt da Baum an d'Hütte num.

D'r Jäg'r gat am anb'ra Tag
In Wald und findt da Stumpa;
Voar Zoara trifft'n schier d'r Schlag:
„Ja ihr v'rfluechte Lumpa!
Ihr steahlet, bös ischt üb'rmacht,
Am hella Tag, wia bei d'r Nacht."

Jez thuet'r denn scho and're Flüech:
S'ischt doch zum Deuf'l hola;
Jez hat m'r so a Galga-Siech
Dös prächteg Schtämmle g'schtohla!
Koin ärg'ra Lumpa mueß it gea,
D'Leut hand do gar koi G'wissa mea!"

D'r Bachhann's kommt mal hinda naus,
Sei' Wiesbaum ischt v'rschwunda;
Ear suecht a paarmal rum um's Haus,
Und hat'n halt it g'funda.
Gang, Hannes, laß bei Suecha sei',
Dear Baum ischt furt, bös merk d'r fei'!

Jez thuet'r denn scho and're Flüech:
„'Sischt doch zum Deuf'l hola;

Jez hat m'r so a Galga-Siech
Mein nuia Wiesbaum g'schtohla!
Koin ärg'ra Lumpa ka's it gea,
D'Leut hand doch gar koi G'wissa mea!"

„Hah!" sait b'r Klaus, „bös ischt iez gleich,
Wear wert denn dau staliera?
Thuet Manch'r glei a Königreich
Vom Nauchbaur annexira!
Jez guck! wenn's Diner uns so müech,
Was hätt ma benn na bau für Flüech?"

26.
De halb' Arbet.

Mei Seperle steigt of ba Doigela-Baum,
Und wauhr isch, ear hat sie recht g'flissa;
Jez wia er halt ra kommt, — mi wunderets kaum, —
Da hat'r sei Hösle v'rrissa.
    Es hanget, o Graus!
    Scho 's Hemmetle naus,
So hat'r sei Hösle v'rrissa.

„Dau berscht du nit heina, bu herziger Bue!"
Schreit b'Naihre os Kirchabaur's Garta;
„Dös Löchle bau mach i dir glei wieb'r zue,
Da berscht nu a Bissele warta.
    Gang nu a weng rei',
    I fäble g'rab ei',
Da berscht nu a Bissele warta."

De Naihrena fallet viel Unfürem ei',
Was thuet si beam Büebla? — ja nemmet!
Si schoppet ihm 's Lämmle in b'Hosa
  mea nei',
Und naiht'm nau b'Hosa an's Hemmet,
 Sie sticht scho recht tuif,
 Balb schrög und balb schuif,
So naiht's ihm nau b'Hosa an's Hemmet.

Mei' Büeble woiß nix von d'r g'fährliche
  Nauht,
Thuet schpringa und hupfa und reita;
Doch wia's halt im menschlicha Leaba oft
  gaut,
Ear sott halt a Bißla of d'Seita.
 Es zwickt und es klemmt,
 Es schneidet und gremmt,
Ear sott halt a Bißle of d'Seita.

Gelt Leas'r! iez thea m'r a Bürhängle ra,
Sonscht könnt se dös Büeble scheniera,
Und theand's im Vertraua em Kinds-
  mäble sa,
Dia mueß'n dahind' operira.

Si bringt ja scho' b'Scheer,
 Wie wenn's Doktere wär,
Si mueß'n bahind' operira.

„Au," sait si, „du bischt doch a lausiger Schwanz,
Und b'Naihre mueß au it viel könna!
Dia macht bau ihr Arbet it halb und it ganz,
So hat ma nu b'Schur mit'm Trenna.
 Hätt's Alles v'rnaiht,
 G'wiß hätt i nix g'sait;
So hat ma nu b'Schur mit'm Trenna."

27.
Schluß.

Als Bue bin i in b'Doaraschleah
Wohl üb'r Doana ganga;
Und hau' die blaue Schleahla seah
Hoahmächtig doba hanga.
Wia oft hau' i mein Frack v'rschlitzt,
Beim Brocka, b'Fing'r bluetig g'ritzt,
Au bös hat brennt und g'stocha!

Wia wert m'rs gau' mit deana Schleah?
Was wert mir dau passira,
Daß i sogar so keck bin g'wea
De Leut si z' präsenttra?
I moi, i komm it dur oh'g'rupft,
I werr iez earscht von hinba g'schtupft,
Von liebe Rezensenta.

Au' lieb'r Leaf'r, du hasch schea!
Dir ka' koi' Mensch nix macha;
Dir hat ma's reif in b'Hand nei' gea,
Du ka'scht zu all Deam lacha.
D'rum moin i au, — beim Sak'rmoscht! —
Dös bißle Geld, was 's di hat koscht,
Dös werr di doch it ruia!

Und wenn's da Kopf mi koschta sott,
Gelt Schwäbala! nau b'hüet ui Gott!

Inhalts-Verzeichniß.

		Seite
	Debication an den Herrn Direktor	5
	Ei'labing an alle Schwäbala	7
1.	Schwauba-Stroich. (Nach Uhland.)	9
2.	Au a Schwauba-Stroich	12
3.	Was Hansjörg für a guet'r Kerle ischt	15
4.	'S g'lehrig Martele	18
5.	D'r Fescht-Huet. (Von Epple.)	19
6.	Lenz of b'r Eisebah'	21
7.	Malafux und Olfa	24
8.	Hansjörg am Grabe seines Nachbars Valetei'	28
9.	Kloi' Hännsle z'Biberbach	34
10.	B'hüet bi Gott!	39
11.	Klause Maragreath und Ama's Käth'r	42
12.	Kind'r saget b'Wauhret!	46
13.	'S Bäbale	48
14.	Kind'rzucht beim Hoi'za	51
15.	Sonn oder Mo? (Von Epple.)	56
16.	Eah-Vertrag	58
17.	Streit und Versühnning	61
18.	D'Wass'r=Kur. (Von Epple.)	63
19.	D'r Bub'l-Kauf	68
20.	A g'wissahaft'r Holz-Dieb	71
21.	A Bildle	74
22.	Nu nit mißverstau'!	77
23.	Voarsorg nauch'm Brand	79
24.	Mane thekel phares, oder 's G'richt Gottes	83
25.	D'r Galga=Siech	88
26.	De halb' Arbet	91
27.	Schluß	94

Buchdruckerei der Jos. Kösel'schen Buchhandlung in Kempten.